하나님 **프레임**으로 살아가기

[청년비전]

하나님 **프레임**으로 살아가기

[청년비전] 인도자용

초 판 1쇄 발행 | 2019. 12. 10
초 판 2쇄 인쇄 | 2023. 1. 15
지은이 | 홍석균
감 수 | 채이석 교수(총신대학교)
펴낸이 | 정신일
펴낸곳 | 크리스천리더
편 집 | 권상아
교 정 | 이지선
일부총판 | 생명의 말씀사 (02) 3159-7979
등 록 | 제 2-2727호(1999. 9. 30)
주 소 | 부천시 원미구 중동 1289번지 팰리스카운티 아이파크상가 3층 311호
전 화 | (032) 342-1979
팩 스 | (032) 343-3567
도서출간상담 | E-mail:chmbit@hanmail.net
homepage | www.cjesus.co.kr

978-89-6594-293-1 (04230)
978-89-6594-292-4

정가 : 5,800원

대학(청년)부를 위한 Frame 성경공부 시리즈

하나님 프레임으로 살아가기

[청년비전]

"믿음의 청년세대여,
비전을 향한 부르심에 응답하라."

홍석균 목사

Frame Bible Study Series for young generation

인도자용

8주과정

CS 크리스천리더

저자 서문

오늘날 이 시대는 프레임 싸움이라고 해도 과언이 아닙니다. 진보와 보수, 동성애와 탈동성애, 남녀의 프레임에서 국가 간의 프레임까지 그 영역은 다양합니다. 기독교 역사도 제국과 천국의 프레임 싸움이었습니다. 사단은 바벨론에서 로마에 이르기까지 제국의 프레임을 가지고 세상을 권력과 무력으로 통치하려고 했습니다. 그 때마다 하나님의 백성은 천국(하나님 나라)의 프레임으로 맞섰고, 세상을 공의와 정의의 나라로 세워 갈 수 있었습니다.

우리의 인생도 어떤 프레임을 가졌느냐에 따라서 삶의 내용과 방향이 결정됩니다. 세상은 성공신화와 인본주의의 거대담론으로 공격해 오고 있습니다. 이러한 때에 그리스도인들이 하나님 나라의 프레임으로 살아가는 것만이 세상을 이기는 유일한 대안이 될 것입니다. 그렇다면 세상을 이기는 프레임은 무엇으로 형성될까요? 바로 하나님의 말씀입니다. 시편 1편에서 세상은 악인의 꾀, 죄인의 길, 오만한 자들의 자리라는 프레임으로 유혹해 오지만 시인은 결국 성경의 프레임으로 결실을 맺어갑니다. 우리의 인생도 세상의 가치관이 비록 화려하고 크게만 보여도 말씀의 원리대로 살아갈 때 반드시 하나님께서 승리를 주실 것입니다.

이 교재는 오늘날 청년들이 프레임 싸움으로 씨름하는 현장을 배경으로 만들어졌습니다. 거대한 세상의 가치관에 맞서 성경의 가치관으로 살아내고자 하는 청년들을 보며 함께 울었고, 함께 기도했습니다. 그러면서 하나님의 말씀으로 대안을 찾으려고 고군분투해 낸 결과입니다.

지치고 힘들 때마다 한성교회 뉴엑츠 청년들의 호응과 응원이 있었기에 지금의 교재를 출간할 수 있었습니다. 바라건대 꼭 이 교재를 통해서 한국교회 청년들이 성경의 프레임으로 세상을 승리하며 나가길 소망합니다.

저자 홍석균 목사

차례

프레임 교재 활용법 [인도자용]

이 교재의 목적은 청년들의 관심사나 사회적인 이슈를 성경적인 근거로 분별하고 건강한 청년 가치관을 세워가는 데 있습니다. 총 네 단계로 진행되고 각 항목을 따라 가면서 깊이 있는 연구와 넓이 있는 나눔으로 이루어집니다. 본 교재의 특징은 진부하지 않고 젊은 세대를 반영한 내용을 담고 있어서 청소년과 젊은 장년층에게도 유용합니다. 본 교재를 통해 성도의 가치관의 변화를 통해 삶의 변화, 복음 전도의 삶까지 나가는 것을 최종목적으로 합니다.

1. 생각해보기

본 교재는 청년들이 관심을 갖고 있는 이슈나 분야를 도입부분으로 제시했습니다. 구태의연한 질문이 아니라 청년이라면 한번쯤은 고민한 내용이나 실생활에 꼭 필요한 사항을 다루고 있습니다. 관심사를 통해서 성경이 말하는 본문으로 자연스럽게 유도하고 있습니다.

예) 비전 1과 소명(calling)에서

jobkorea에서 20,30대 대상으로 실시한 선호직업설문에 1위 공무원(44.9%), 2위 전문직(32.7%), 3위 대기업(18.9%)으로 96.5%가 세 가지 범주에 쏠렸습니다. 반면 미국직업책자에서는 직업의 범주는 2,000개 이상이라고 발표했습니다. 상반된 현상의 이유는 무엇일까요?

'소명'없이 직업을 선택하는 사람들이 많습니다. 그들은 직업을 생계의 수

단이나 노후보장 정도로 생각합니다. 그러나 '소명'없이 직업을 선택한다면 삶의 의미를 발견하지 못한 채 공허함 속에만 살아가게 될 것입니다. 이들은 시련이 찾아오면 쉽게 포기하거나 도피하기도 합니다.

2. 말씀 속으로

본문 연구는 성경 본문 중심으로 진행됩니다. 각 문항에 대해서 말씀을 찾아가면서 답을 정리해 갑니다. 원어적인 분석과 타 번역본을 비교해 가면서 본문이 말하는 내용을 주제와 연결 시킵니다.

예) 비전 4과 은사(talent)와 비전에서

본문은 주인이 먼 길을 떠나면서 세 종을 불러 자기가 없는 동안 장사하라며 각각의 달란트를 주었습니다. 본문의 내용을 따라 빈칸을 채워 봅시다.

	첫째 종	둘째 종	셋째 종
주인이 준 금액	(15절) 다섯 달란트	(15절) 두 달란트	(15절) 한 달란트
종의 행동	(16절) 바로 가서 장사해서 다섯 달란트 남김	(17절) 바로 가서 장사해서 두 달란트 남김	(18절) 가서 땅을 파고 돈을 감추어 둠
주인의 평가	(21절) - 착하고 충성된 종아. - 내가 많은 것을 네게 맡기리라. - 주인의 즐거움에 참여하라.	(23절) - 착하고 충성된 종아. - 내가 많은 것을 네게 맡기리라. - 주인의 즐거움에 참여하라.	(26, 28, 36절) - 악하고 게으름 종아. - 한 달란트를 빼앗아 열 달란트 가진 자에게 주리라. - 바깥 어두운 데로 내쫓으라.

3. 나눔하기

본 교재는 풍성한 나눔을 특징으로 합니다. 본문 연구를 두세 문항 정도로 나눈 후 중간 중간에 나눔 하기를 삽입해 소그룹 구성원들이 딱딱하지 않고 친화적인 분위기에서 성경공부를 유도해 냅니다. 소그룹의 참여도와 집중력을 높이는데 유용합니다.

예) 비전 4과 은사(talent)와 비전에서

누구나 자신의 재능을 통해서 비전을 발견하고 싶어 합니다. 그러나 재능을 발견하기 쉽지 않은 이유는 '은사의 대한 오해' 때문입니다. 그 오해에는 어떤 것들이 있을까요? 많은 사람들이 은사를 우등하거나 열등하다고 여깁니다. 어떤 이들은 은사를 특별한 사람들만이 받았다고 생각하는데, 이 생각은 은사에 대한 큰 오해입니다. 또 은사를 선천적이라고 여기거나 주간적인 감정으로 여기고 성급하게 결론 짖는 것도 위험한 일입니다. 은사는 사람들과 비교의 대상이 아니라 하나님이 각자에게 주신 고유한 특성입니다. 또 은사는 후천적으로 계발되거나 발전될 수도 있습니다. 그러나 또 놓치지 말아야 할 부분은 은사에 대해 모든 사람에게도 검증되어야 하는 객관성도 무시되어서도 안 됩니다.

4. 심화 연구

심화 연구는 고급 단계로 더 풍성한 나눔을 위해서 전략적으로 넣은 것입니다. 소그룹 구성원 중 말씀에 대한 심도 있는 연구를 원하는 자들에게 가르치고 나눌 수 있습니다. 좀 더 고차원적인 연구와 적용을 이뤄 갈 수 있습니다.

예) 비전 2과 노동(work)와 직업(job)에서

직업을 선택하기 전에 선행해야 할 것은 우선 '성경적 노동의 원리'를 정립하는 것입니다. 성경적 노동의 원리는 어떤 직업이든 적용됩니다. 그렇다면 성경에서 말하는 최초의 노동은 무엇이었고, 언제 어디에서 시작되었나요? (창 2:15)

창세기 2장 9절에 보면 하나님이 먹기 좋은 나무를 나게 하셨다고 하셨는데 이 때 이런 질문이 나올 수 있습니다. 아무것도 없는 땅에서 아담이 경작해서 나무와 채소가 나게 하셨는지, 아니면 1차적으로 하나님이 나무와 채소를 나게 하시고 2차적으로 아담이 관리(manage)하게 하셨는지에 대한 질문입니다. 그 답을 찾기 위해서는 창세기 1장 11-12절을 참고해야 합니다. 천지 창조 셋째 날에 '하나님이 땅을 만드시고 풀과 씨 맺는 채소와 각기 종류대로 씨가진 열매 맺는 나무를 내라고 하시니 그대로 되었다'라고 되어 있습니다.

여기서 말하는 '땅'의 히브리 원어는 הארץ(아레츠)라고 해서 '일반적인 땅'을 뜻하고 2장 5절에 말하는 '땅'은 히브리어 로| שָׂדֶה(사데)라고 해서 '토지(전지)'를 말합니다. 다시 말해서 본 절의 묘사는 땅에 전혀 식물이 없다는 것이 아니라 아직 사람이 창조되지 않았으므로 경작이 시작되지 않았다는 것입니다. 그래서 1차적으로 나무와 채소를 나게 하시고 2차적으로 아담이 관리하게 하셨다는 뜻입니다.

5. 적용하기

적용은 깊이와 넓이로 진행되어야 합니다. 하나님과 깊은 만남을 가질 때 인간의 죄를 더 깊이 돌아보고 잘못된 부분을 돌이키게 됩니다. 뿐만 아니라 깊이 있는 하나님과의 만남을 가지면 공동체와 사회적으로 적용이 확장됩니다. 적용을 세 가지로 나누어 다양하게 접목했습니다.

예) 비전 4과 은사(talent)와 비전에서

적용하기1) 당신의 주관적인 은사(자신이 좋아하는 은사)와 객관적인 은사(타인이 인정하는 은사)를 나눕시다.

적용하기2) 주관적인 은사와 객관적인 은사에 대한 교집합을 분류해 내게 있는 은사를 정확하게 검증합시다.

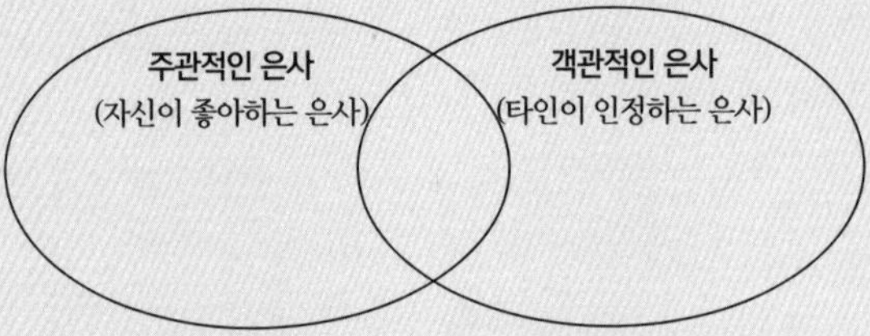

Tip. < 은사의 3가지 범주 >

1) 사역의 은사 : 전도와 봉사, 섬김과 구제, 예언과 가르침 등

2) 기술의 은사 : 만들기, 미술, 음악, 기계, 계산, 설비 등

3) 성품의 은사 : 긍휼, 성실, 온유, 부지런함, 위로 등

6. 정리하기

예) 비전 5과 비전으로의 준비

성경공부를 마치고 배운 내용을 정리하고 삶을 결단하는 시간을 가질 수 있습니다. 하나님은 준비된 만큼 사용하십니다.

하나님이 내 인생을 마음껏 사용하시도록 준비해 갈 때 하나님의 시간이 차면 하나님의 방법으로 쓰십니다. 그 때 아름답게 쓰임 받는 하나님의 사람이 되십시오.

1. 소명(Calling)

[출애굽기 3장 1-5절]

1 모세가 그의 장인 미디안 제사장 이드로의 양 떼를 치더니 그 떼를 광야 서쪽으
로 인도하여 하나님의 산 호렙에 이르매 2 여호와의 사자가 떨기나무 가운데로부
터 나오는 불꽃 안에서 그에게 나타나시니라 그가 보니 떨기나무에 불이 붙었으
나 그 떨기나무가 사라지지 아니하는지라 3 이에 모세가 이르되 내가 돌이켜 가서
이 큰 광경을 보리라 떨기나무가 어찌하여 타지 아니하는고 하니 그 때에 4 여호와
께서 그가 보려고 돌이켜 오는 것을 보신지라 하나님이 떨기나무 가운데서 그를
불러 이르시되 모세야 모세야 하시매 그가 이르되 내가 여기 있나이다 5 하나님이
이르시되 이리로 가까이 오지 말라 네가 선 곳은 거룩한 땅이니 네 발에서 신을 벗
으라

 # 해시테그 _ 오늘 과에 대한 내 생각을 간단한 단어로 표현해봐요.

매주마다
생각나는 단어들을
자연스럽게 적어보세요.

좋아요 개

[생각해보기]

jobkorea에서 20,30대 대상으로 실시한 선호직업 설문에 1위 공무원(44.9%), 2위 전문직(32.7%), 3위 대기업(18.9%)으로 96.5%가 세 가지 범주에 쏠렸습니다. 반면 미국직업책자에서 직업의 범주는 2,000개 이상이라고 발표했습니다. 상반된 현상의 이유는 무엇일까요?

인도자 가이드 |

'소명'없이 직업을 선택하는 사람들이 많습니다. 그들은 직업을 생계의 수단이나 노후보장 정도로 생각합니다.

그러나 '소명'없이 직업을 선택한다면 삶의 의미를 발견하지 못한 채 공허함 속에만 살아가게 될 것입니다. 이들은 시련이 찾아오면 쉽게 포기하거나 도피하기도 합니다.

[말씀속으로]

1. 크리스천도 비전을 다양한 도전과 가능성으로 접근하지 못하고 치열한 레드오션에서만 경쟁하고 있습니다. 그 이유는 올바른 '소명(召命)관'을 발견하지 못해서입니다. 당신이 생각하는 소명의 정의는 무엇인가요?

인도자 가이드 |

종교개혁 이전에는 '소명'을 성직자에게만 국한시켰습니다. 그러나 종교개혁 이후에는 모든 사람에게 주신 하나님의 선물로 여겼습니다. 종교개혁자 칼빈은 하나님이 주시는 소명을 '직업소명론'으로 성문화시켰습니다. vocation(직업)이라는 단어를 보더라도 라틴어 'vocatio'(부르심, 소명)라는 단어에서 파생되었듯이, 모든 직업은 빈부귀천을 막론하고 하나님의 부르심에서 시작되었습니다.

2. 모세는 40세까지 이집트의 궁궐에서 살다가 우발적인 사고로 광야로 쫓겨나게 되었습니다. 화려했던 과거의 경력은 하루아침에 무너졌고, 아무도 기억하지 못하는 초라한 존재가 되었습니다. 그 때 모세의 심경은 어떠했을까요? (출 2:11-15)

모세가 장성한 후에 한번은 자기 형제들에게 나가서 그들이 고되게 노동하는 것을 보더니 어떤 애굽 사람이 한 히브리 사람 곧 자기 형제를 치는 것을 본지라 좌우를 살펴 사람이 없음을 보고 그 애굽 사람을 쳐죽여 모래 속에 감추니라 이튿날 다시 나가니 두 히브리 사람이 서로 싸우는지라 그 잘못한 사람에게 이르되 네가 어찌하여 동포를 치느냐 하매 그가 이르되 누가 너를 우리를 다스리는 자와 재판관으로 삼았느냐 네가 애굽 사람을 죽인 것처럼 나도 죽이려느냐 모세가 두려워하여 이르되 일이 탄로되었도다 바로가 이 일을 듣고 모세를 죽이고자 하여 찾는지라 모세가 바로의 낯을 피하여 미디안 땅에 머물며 하루는 우물 곁에 앉았더라 (출 2:11-15)

인도자 가이드 |

그는 정신적으로는 우울증, 영적으로는 침체에 빠졌을 것입니다. 자기 민족을 위해서 희생했다고 생각했지만 돌아오는 것은 사람들의 비난과 조롱이었습니다. 모세는 애굽 사람과 히브리 사람에게 배신자와 살인자로 낙인찍혀 광야로 도망칠 수밖에 없는 신세가 되었습니다.

3. 아무도 주목하지 않는 광야 떨기나무에서 모세는 하나님의 소명을 받게 됩니다. 모세가 소명을 받았던 당시 배경은 무엇이었나요? (1절)

모세가 그의 장인 미디안 제사장 이드로의 양 떼를 치더니 그 떼를 광야 서쪽으로 인도하여 하나님의 산 호렙에 이르매 (1절)

인도자 가이드 |

모세가 양을 친 거리는 미디안 광야에서 호렙 산까지로 약 200km입니다. 그는 자신에게 맡겨진 양을 위해 40년을 매일같이 맹수의 위험과 밤의 추위와 낮의 더위를 감수해가며 양떼를 성실하게 쳤습니다.

4. 드디어 모세가 소명을 받을 때 어떤 현상을 경험하게 되었는지 묘사해봅시다. 또 그 현상은 무슨 뜻일까요? (2절)

> 여호와의 사자가 떨기나무 가운데로부터 나오는 불꽃 안에서 그에게 나타나시니라 그가 보니 떨기나무에 불이 붙었으나 그 떨기나무가 사라지지 아니하는지라 (2절)

사막에서 떨기나무에 불이 붙는 것은 지극히 평범한 일입니다. 그러나 불붙은 떨기나무가 사라지지 않는 것은 기이한 일이었습니다. 하나님은 모세를 부를 때 평범한 일상에 특별한 이상(sign)으로 나타나셨습니다.

인도자 가이드 |

모세는 불이 붙었지만 사라지지 않는 떨기나무를 보면서 먼저 자신의 모습을 보았습니다. 실패자였던 그는 마땅히 사라져야 하는데, 여전히 살아 있었습니다.

또한 모세는 사라지지 않는 떨기나무를 보면서 이스라엘 민족의 생명력도 보았습니다. 하루가 멀다하며 자행되는 애굽의 불같은 압제 속에서도 여전히 번성해 가는 이스라엘의 민족성을 보았던 것입니다.

5. 모세는 불 가운데서도 사라지지 않는 떨기나무를 보며 애굽의 박해에서도 사라지지 않는 이스라엘의 민족을 보았습니다. 그리고 자기 민족을 구원하는 소명을 받게 됩니다(10절). 그때 하나님의 요구는 무엇이었나요? (5절) 이 행동은 무슨 의미일까요?

> 하나님이 이르시되 이리로 가까이 오지 말라 네가 선 곳은 거룩한 땅이니 네 발에서 신을 벗으라 (5절)

고대근동에서 종(slave)은 맨발로 다닙니다. 종이 신발을 벗는다는 의미는 '종의 주권은 주인에게 있다'는 표시입니다. 하나님이 모세에게 신을 벗으라고 하신 이유도 하나님께로부터 받는 소명은 '권리포기'가 전제되어야 함을 가르쳐 주신 것입니다.

[적용하기]

1. 매일의 삶에서 반복적이지만 충실히해야 할 일은 무엇인지 나눠봅시다.

2. 소명을 이루기 위해서 권리포기 해야 할 부분은 무엇인지 나눠봅시다.

3. 평범한 일생 가운데 특별한 이상을 보도록 민감하게 깨어 기도합시다.

[한줄 정리]

크리스천의 권리포기는 단념이 아니라 더 큰 가치를 붙드는 것입니다.
세상의 성공신화를 버리고 하나님의 소명을 부여잡고 살아가는 것입니다.

2. 노동(Work)과 직업(Job)

[창세기 2장 15-17절]

15 여호와 하나님이 그 사람을 이끌어 에덴 동산에 두어 그것을 경작하며 지키게 하
시고 16 여호와 하나님이 그 사람에게 명하여 이르시되 동산 각종 나무의 열매는 네
가 임의로 먹되 17 선악을 알게 하는 나무의 열매는 먹지 말라 네가 먹는 날에는 반
드시 죽으리라 하시니라

 # 해시테그 _ 오늘 과에 대한 내 생각을 간단한 단어로 표현해봐요.

좋아요 개

[생각해보기]

당신은 워라밸(Work-Life-Balanced)과 자아실현(self-realization) 중에 무엇에 더 비중을 두고 있나요?

인도자 가이드 |

우리나라 교육현실은 꿈을 스스로 설정하거나 선택하지도 못하는 구조입니다. 대학을 진학하고 전공을 선택할 때 성적이나 점수라는 한계를 벗어나지 못합니다. 그러다 보니 대학을 가도 제대로 적응을 못하고 취업을 해도 다른 직종으로 이직을 하는 경우가 많습니다. 이러한 악순환은 성경적인 직업관을 세우지 않고 직업을 선택한 결과입니다.

[말씀속으로]

1. 직업을 선택하기 전에 선행해야 할 것은 우선 '성경적 노동의 원리'를 정립하는 것입니다. 성경적 노동의 원리는 어떤 직업이든 적용됩니다. 그렇다면 성경에서 말하는 최초의 노동은 무엇이었고, 언제 어디에서 시작되었나요? (창 2:15)

> 여호와 하나님이 그 사람을 이끌어 에덴 동산에 두어 그것을 경작하며 지키게 하시고 (창 2:15)

"경작하며 지키게 하시고"는 "work it and take care of it"(NIV)으로 하나님은 아담에게 에덴동산을 경작할 '권한'을 위임하셨다는 뜻입니다. 따라서 아담에게 있어서 노동은 그 자체가 축복과 기쁨이었습니다.

인도자 가이드 |

노동의 창시자는 하나님이십니다. 최초에 에덴동산을 창설하시고 노동을 제정하셨습니다. "여호와 하나님이 땅이 비를 내리지 아니하셨고 땅에 갈 사람도 없었으므로 들에는 초목이 아직 없었고 밭에는 채소가 나지 아니하였으며"(창 2:5) 초목이 없고 채소가 없던 그 때에 하나님은 아담에게 에덴동산을 경작하게 하셨습니다. 이 말은 아담에게 일과 노동을 하게 하셨다는 의미입니다. 하나님은 아담에게 에덴동산에서 일하지 않고 마냥 먹고 쉬도록 하지 않으셨습니다.

더 깊은 묵상 |

창세기 2장 9절에 보면 하나님이 먹기 좋은 나무를 나게 하셨다고 했는데 이 때 이런 질문이 나올 수 있습니다.

아무것도 없는 땅에서 아담이 경작하여 나무와 채소가 나게 하셨는지, 아니면 1차적으로 하나님이 나무와 채소를 나게 하시고 2차적으로 아담이 관리(manage)하게 하셨는지에 대한 질문입니다. 그 답을 찾기 위해서는 창세기 1장 11-12절을 참고해야 합니다.

천지 창조 셋째 날에 "하나님이 땅을 만드시고 풀과 씨 맺는 채소와 각기 종류대로 씨가진 열매 맺는 나무를 내라고 하시니 그대로 되었다"고 되어 있습니다. 여기서 말하는 '땅'의 히브리 원어는 הארץ(아레츠)라고 해서 '일반적인 땅'을 뜻하고 2장 5절에 말하는 '땅'은 히브리어로 שָׂדֶה(사데)라고 해서 '토지(전지)'를 말합니다.

다시 말해서 본 절의 묘사는 땅에 전혀 식물이 없다는 것이 아니라 아직 사람이 창조되지 않았으므로 경작이 시작되지 않았다는 것입니다. 그래서 1차적으로 나무와 채소를 나게 하시고 2차적으로 아담이 관리하게 하셨다는 뜻입니다.

2. 사단은 인간 고유의 권한과 축복이었던 '노동의 원리'를 깨뜨리려 했습니다. 선악과의 유혹으로 노동을 파괴하려 했고, 결국 인

간은 넘어지고 말았습니다. 하와는 어떤 요인으로 넘어지게 되었나요? (창 3:6)

여자가 그 나무를 본즉 먹음직도 하고 보암직도 하고 지혜롭게 할 만큼 탐스럽기도 한 나무인지라 여자가 그 열매를 따먹고 자기와 함께 있는 남편에게도 주매 그도 먹은지라 (창 3:6)

인도자 가이드 |

사단은 눈에 보이는 '감각적인 요소'에 하와의 마음이 빼앗기도록 했습니다. 하와는 '의지적인 요소'가 담겨 있는 노동을 저급하게 여기고 쉽고 빠르게 소득을 얻는 데에만 급급했습니다. 결국 사단의 전략은 보이는 것에 현혹하게 해서 쉽게 돈을 버는 '불로소득'이었습니다.

3. 직업을 선택하거나 활동하는 과정에서 사단이 주는 가치관으로 유혹에 넘어지는 경우가 많습니다. 어떤 것들이 있는지 예를 들어봅시다.

인도자 가이드 |

사단은 쉽고 빠르게 돈 버는 방법을 조장하고 있습니다. '일확천금', '벼락부자', '로또인생'과 같은 말들은 사람들로 하여금 땀 흘려서 소산을 얻는 노동의 가치를 도외시하게 했고, 감각과 직관의 방법으로 돈을 버는 데 더

매력을 느끼게 만들었습니다.

4. '죄'로 인해 하나님께서 제정하신 노동의 원리는 오염되었습니다. 그 후 사람들은 노동에 대해서 어떤 반응을 보이게 되었나요? (창 3:18~19)

땅이 네게 가시덤불과 엉겅퀴를 낼 것이라 네가 먹을 것은 밭의 채소인즉 네가 흙으로 돌아갈 때까지 얼굴에 땀을 흘려야 먹을 것을 먹으리니 네가 그것에서 취함을 입었음이라 너는 흙이니 흙으로 돌아갈 것이니라 하시니라 (창 3:18~19)

인도자 가이드 |

죄가 들어온 후에 땅은 '엉겅퀴'와 '가시덤불'을 내게 되었습니다. 그러한 엉겅퀴와 가시덤불은 인간의 노동을 방해했고, 인간에게 '노동'은 고통스러운 것, 피하고 싶은 일로 전락해버렸습니다. 최초에 하나님이 주신 노동의 특권과 축복은 상실된 채 말입니다.

오늘날 사람들이 노동을 고통스럽고 부담스러운 일, 피하고 싶은 일로 여기는 이유는 죄로 인한 성경적 노동관이 무너졌기 때문입니다. 그러므로 창조하신 원래의 노동의 가치를 회복해야 합니다.

5. 우리가 회복해야 할 성경적인 노동의 목적은 무엇인가요? (겔 48:18b)

예물을 삼아 거룩히 구별할 땅과 연접하여 남아 있는 땅의 길이는 동쪽으로 만 척이요 서쪽으로 만 척이라 곧 예물을 삼아 거룩하게 구별할 땅과 연접하였으며 그 땅의 소산을 성읍에서 일하는 자의 양식을 삼을지라 (겔 48:18b)

인도자 가이드 |

성경을 '불로소득'을 말하지 않습니다. 성실하게 땀 흘려 소산을 얻는 자가 복되다고 말씀합니다. 바울도 심은 대로 거두는 원리를 말했습니다(갈 6:7). 하나님은 요행을 버리고, 정직과 성실로 씨를 뿌리는 자들에게 주시는 소산을 진정한 축복이라 하셨습니다. 웨스트민스터 소요리 문답은 신앙생활의 가이드라인입니다. 소요리 문답을 통해서 노동과 일의 목적을 알 수 있습니다.

웨스트민스터 소요리문답 제1문항의 인간의 최고 목적은 "하나님을 영화롭게 하고, 그를 영원히 즐거워하는 것"이라고 말합니다. 노동과 직업이 자아실현이나 생계수단이 아닌 하나님의 영화롭게 해야 한다는 소명의식에서 비롯되어야 진정한 가치 있는 삶을 살 수 있습니다.

[한줄 정리]

사단에게 빼앗겨 버린 노동의 신성함을 찾아와야 합니다.
노동의 특권을 주신 것을 감사하고 성실하게 땀 흘리며 경작해 나갑시다.

[적용하기]

1. 당신의 삶에서 불평과 원망 때문에 성경적 노동의 원리가 깨어져 버린 영역(field)이 있다면 어디인가요?

2. 땀 흘려 소산을 얻는 노동의 원리가 아니라 불로소득으로 이익을 취하려고 했던 영역은 어디인가요?

3. 깨어져 버린 노동의 영역(field)에서 어떻게(how) 노동의 기쁨을 회복해야 할지 나눠봅시다.

인도자 가이드 |

당신은 직장에서 억지로 또는 울며 겨자 먹기로 일하고 있지 않습니까? 일이 먹고 살기 위한 생계의 수단으로 전락되지 않았나요? 공부를 하거나 시험을 준비하는 것을 노후보장과 자아성취를 위한 수단으로만 삼고 노력하지 않나요? 아르바이트를 할 때도 내 일이 아니라는 식으로 불성실한 자세로 일하고 있지 않나요? 지금 맡은 일에 대해 하나님이 맡겨 주셨다는 책임의식으로 참 기쁨을 회복해 갑시다.

3. 흑암에서 비전을 보다

[창세기 6장 5-8절]

5 여호와께서 사람의 죄악이 세상에 가득함과 그의 마음으로 생각하는 모든 계획
이 항상 악할 뿐임을 보시고 6 땅 위에 사람 지으셨음을 한탄하사 마음에 근심하시
고 7 이르시되 내가 창조한 사람을 내가 지면에서 쓸어버리되 사람으로부터 가축
과 기는 것과 공중의 새까지 그리하리니 이는 내가 그것들을 지었음을 한탄함이
니라 하시니라 8 그러나 노아는 여호와께 은혜를 입었더라

 # 해시테그 _ 오늘 과에 대한 내 생각을 간단한 단어로 표현해봐요.

좋아요 개

[생각해보기]

우리가 비전을 향해 달려 갈 때 가장 걸림돌이 되는 요소는 어떤 것이 있나요?

① 부모의 반대
② 불확실성
③ 추세(trend)
④ 신앙
⑤ 연봉(수입)
⑥ 기타 (   )

[말씀속으로]

1. 노아의 시대는 가장 타락한 시대였습니다. 그래서 하나님은 전무후무했던 대홍수 심판을 내리셨습니다. 노아 당시 죄악상이 어떠하였나요? (5절) 구체적으로 어떤 죄악이었을지 추측해서 이야기해봅시다.

여호와께서 사람의 죄악이 세상에 가득함과 그의 마음으로 생각하는 모든 계획이 항상 악할 뿐임을 보시고 (5절)

인도자 가이드 |

하나님은 노아 시대의 죄악상을 말할 때 그들의 모든 계획(every plan)이 항상(every time) 악했기 때문이라고 지적하시고 심판의 이유를 말씀하셨습니다. 이 말은 사람들의 죄악이 '한시적'으로 '특정 대상'에게만 국한된 것이 아니라 모든 사람들의 보편적인 경향성(tendency)이었다고 지적했습니다.

2. 그러나 마태는 노아의 시대를 책망할 때 다른 관점으로 말하고 있습니다. 그 죄악이 무엇이었나요? (마 24:37-39)

> 노아의 때와 같이 인자의 임함도 그러하리라 홍수 전에 노아가 방주에 들어가던 날까지 사람들이 먹고 마시고 장가 들고 시집 가고 있으면서 홍수가 나서 그들을 다 멸하기까지 깨닫지 못하였으니 인자의 임함도 이와 같으리라
> (마 24:37-39)

인도자 가이드 |

마태는 노아 시대의 멸망 이유를 음란, 살인, 간음, 강탈과 같은 '실행 죄'로 말하지 않습니다. 오히려 '목적 없이 살아가는 삶'이었다고 고발합니다. 사람들은 먹고 마시고 장가가고 시집가는 편안한 일상 속에 꿈을 망각하고 비전을 상실했습니다. 이것이 하나님 편에 있는 가장 큰 심판의 이유였습니다.

먹고 마시고 장가가고 시집가는 것은 반복되는 일상으로써 아무런 문제가 없어 보입니다. 그러나 그들은 쳇바퀴 도는 삶 속에서 '비전'을 망각하며 살았습니다. 우리 인생의 목적도 먹고 마시고 장가가고 시집가는 삶에 취해 비전을 망각하며 살아간다면 그 어느 때보다 위험한 종말의 때입니다.

3. 분주한 현실과 반복되는 일상 속에서 당신이 잊고 지냈던 꿈은 무엇인지 나눠봅시다.

인도자 가이드 |

어릴 때 꿈꾸었던 직업, 소원 같은 것이나 예수님을 처음 만났을 때 소망하게 되었던 바람, 하나님께 드리고 싶었던 내 삶의 일부와 헌신 같은 모든 것을 나눠봅시다.

4. 비전을 상실하고 반복된 일상의 시대 속에 하나님의 비전을 본 사람은 노아였습니다. 그는 암울한 시대 속에 어떤 비전을 받게 되었나요? (창 6:14)

> 너는 고페르 나무로 너를 위하여 방주를 만들되 그 안에 칸들을 막고 역청을 그 안팎에 칠하라 (창6:14)

인도자 가이드 |

노아가 본 비전은 방주를 지어 물 심판으로 멸망하게 될 세상에서 사람들을 구원하는 일이었습니다.

5. 노아가 방주를 만드는 비전을 받았지만 그 비전을 성취하기엔 너무나도 힘겨웠습니다. 어떤 방해 요소 때문에 힘겨웠을지 상상하며 열거해봅시다.

인도자 가이드 |

(1) 사람들의 비난

'창조 과학회'에 따르면 노아시대 전까지만 해도 비는 한 번도 오지 않았습니다. 지구는 '궁창' 위에 '물막'(water layer)이 둘러 쌓여 있어서 적절한 온도와 습도가 유지되었기 때문입니다. 한 번도 비를 보지 사람들에게 노아의 홍수경고는 이해할 수 없었고, 당연히 사람들은 노아를 비난했던 것입니다.

(2) 불리한 환경

배를 만들기 위해서는 재료가 필요했습니다. 하나님이 재목으로 쓰라고 하신 나무는 고페르 나무(gopher tree : 삼나무)였는데, 그 나무는 구하는 것도 쉽지 않았고 운반하는 것은 더 어려운 일이었습니다. 역청을 구하는 것도 마찬가지였습니다. 노아에 대한 불신이 만연한 가운데 방주를 짓는다고 일꾼을 구하는 것은 굉장히 힘겨운 일이었습니다.

(3) 고독과의 싸움

어느 시대마다 늘 부정적인 사람과 적대적인 환경은 존재하기 때문에 당시 사람들의 비난과 불리한 환경은 어느정도 감수할 수 있습니다. 그러나 가장 힘든 일은 자신과의 싸움이었습니다. '내가 하고 있는 것이 과연 옳은 것인가?', '나는 잘하고 있는가?'라고 생각하며 아무도 자신을 이해하지 않고 도와주지 않을 때 포기하고 싶었을 것입니다.

6. 많은 방해요소에도 노아가 마침내 비전을 이룰 수 있었던 이유는 무엇이었나요? (8절)

그러나 노아는 여호와께 은혜를 입었더라 (8절)

'노아는 하나님께 은혜를 입었더라'의 NIV 번역은 'Noah found favor in the eyes of the LORD'입니다. 그는 하나님의 '호의'와 '지지'를 보았기에 사명을 완수할 수 있었습니다. 비전은 직업이 아니라 하나님의 꿈을 보는 것입니다. 비전(Vision)은 View(보다)에서 파생되었듯이 나의 야망이 아니라 하나님의 꿈을 볼 때 끝까지 완수할 수 있습니다.

인도자 가이드 |

아무리 외부적인 공격과 내적인 갈등이 있다 할지라도 문제를 이겨낼 수 있는 힘은 인간 안에서 나오지 않습니다. 하늘로부터 임하는 하나님의 지지와 호의가 필요합니다. "잘하고 있다. 믿음으로 이겨내렴. 내가 함께 하고 있단다."라고 하시는 하나님의 격려와 음성이 흑암에서 빛 가운데로 달려가는 원동력이 됩니다.

[적용하기]

1. 나의 야망과 사욕이 아닌 나에게 주신 하나님의 꿈은 무엇인지 나눠봅시다.

2. 아직 하나님의 꿈을 발견하지 못했다면 꿈을 발견하기 위해서 무엇을 어떻게 준비해야 할지 나눠봅시다.

3. 사람들의 비난, 불리한 환경, 고독과의 싸움 중에 어떤 요소가 당신을 힘들게 하는지 나누고 함께 서로를 위해 기도해주는 시간을 가집시다.

[한줄 정리]

먹고 마시고 장가가고 시집가는 무감각한 시대 현실 속에 영적 민감함을 가집시다. 점점 흑암으로 치닫는 시대라 할지라도 하나님의 호의와 지지를 바라보며 넉넉히 하나님의 비전을 이루어 갑시다.

4. 은사(talent)와 비전

[마태복음 25장 14-30절]

14 또 어떤 사람이 타국에 갈 때 그 종들을 불러 자기 소유를 맡김과 같으니 15 각각 그 재
능대로 한 사람에게는 금 다섯 달란트를, 한 사람에게는 두 달란트를, 한 사람에게는 한
달란트를 주고 떠났더니 16 다섯 달란트 받은 자는 바로 가서 그것으로 장사하여 또 다
섯 달란트를 남기고 17 두 달란트 받은 자도 그같이 하여 또 두 달란트를 남겼으되 18 한
달란트 받은 자는 가서 땅을 파고 그 주인의 돈을 감추어 두었더니 19 오랜 후에 그 종들
의 주인이 돌아와 그들과 결산할새 20 다섯 달란트 받았던 자는 다섯 달란트를 더 가지
고 와서 이르되 주인이여 내게 다섯 달란트를 주셨는데 보소서 내가 또 다섯 달란트를
남겼나이다 21 그 주인이 이르되 잘하였도다 착하고 충성된 종아 네가 적은 일에 충성하
였으매 내가 많은 것을 네게 맡기리니 네 주인의 즐거움에 참여할지어다 하고 22 두 달
란트 받았던 자도 와서 이르되 주인이여 내게 두 달란트를 주셨는데 보소서 내가 또 두
달란트를 남겼나이다 23 그 주인이 이르되 잘하였도다 착하고 충성된 종아 네가 적은
일에 충성하였으매 내가 많은 것을 네게 맡기리니 네 주인의 즐거움에 참여할지어다
하고 24 한 달란트 받았던 자는 와서 이르되 주인이여 당신은 굳은 사람이라 심지 않은
데서 거두고 헤치지 않은 데서 모으는 줄을 내가 알았으므로 25 두려워하여 나가서 당
신의 달란트를 땅에 감추어 두었었나이다 보소서 당신의 것을 가지셨나이다 26 그 주인
이 대답하여 이르되 악하고 게으른 종아 나는 심지 않은 데서 거두고 헤치지 않은 데서
모으는 줄로 네가 알았느냐 27 그러면 네가 마땅히 내 돈을 취리하는 자들에게나 맡겼
다가 내가 돌아와서 내 원금과 이자를 받게 하였을 것이니라 하고 28 그에게서 그 한 달
란트를 빼앗아 열 달란트 가진 자에게 주라 29 무릇 있는 자는 받아 풍족하게 되고 없는
자는 그 있는 것까지 빼앗기리라 30 이 무익한 종을 바깥 어두운 데로 내쫓으라 거기서
슬피 울며 이를 갈리라 하니라

[생각해보기]

전공을 선택했다가 전과하는 경우와 다니던 직장에서 이직하는 경우를 종종 겪습니다. 사람들이 변경하게 되는 이유는 무엇일까요?

인도자 가이드 |

사람들이 전공을 바꾸거나 직장을 이직하는 경우는 연봉, 인간관계, 복지와 같은 여러가지 요소가 있지만 그 중에 많은 영향을 차지하는 것은 적성때문입니다. 내가 가진 은사와 재능과 맞지 않아서 의미와 가치를 발견하지 못할 때가 많습니다.

두바이, 상해, 인천은 각각 열악한 환경 속에서 눈부신 발전을 이룬 토후국 또는 도시입니다. 두바이는 사막에서, 상해는 강 위에서, 인천은 바다를 메워 건설된 곳입니다. 인간에게 있어서도 각자에게 자라온 환경과 형편이 다릅니다. 하나님께서 비전을 주실 때도 각각에게 있는 은사와 재능을 사용하십니다.

[말씀속으로]

1. 하나님은 각 사람에게 저마다 다른 은사와 재능을 주셨습니다. 비전을 주실 때도 다양한 방법으로 주십니다. 그 예를 찾아______에 답을 적어봅시다.

1) 요셉은 <u>꿈</u> 으로 비전을 주셨습니다(창 37:9).

요셉이 다시 꿈을 꾸고 그의 형들에게 말하여 이르되 내가 또 꿈을 꾼즉 해와 달과 열한 별이 내게 절하더이다 하니라 (창 37:9)

인도자 가이드 |

요셉에게는 꿈으로 비전을 주셨습니다. 요셉은 열 한 별과 해와 달이 요셉의 별에게 절하는 꿈을 꾸었습니다. 그리고 다시 잠이 들었는데, 열 한 볏단이 요셉의 볏단에게 절하는 꿈을 연거푸 꾸게 됩니다. 이 때 요셉은 그 꿈을 통해서 이루어질 비전을 발견합니다.

2) 모세는 초자연적인 __사건__ 과 하나님의 __음성__ 으로 비전을 주셨습니다(출 3:3, 10).

이에 모세가 이르되 내가 돌이켜 가서 이 큰 광경을 보리라 떨기나무가 어찌 하여 타지 아니하는고 하니 그 때에 (출 3:3)

이제 내가 너를 바로에게 보내어 너에게 내 백성 이스라엘 자손을 애굽에서 인도하여 내게 하리라 (출 3:10)

인도자 가이드 |

모세에게는 초자연적인 사건과 하나님의 음성으로 비전을 주셨습니다. 불이 붙으나 사라지지 않는 떨기나무 사건은 초자연적인 현상입니다. 또 '네가 선 곳은 거룩한 곳이니 네 신을 벗으라'는 하나님의 음성을 모세에게 선명하게 들려주셨습니다. 이 때 모세로 하여금 거부할 수 없는 부르심으로 이끄셨습니다.

3) 느헤미야는 시대적인 __환경__ 을 통해서 사명을 주셨습니다(느 1:2-4, 2:5).

내 형제들 가운데 하나인 하나니가 두어 사람과 함께 유다에서 내게 이르렀기로 내가 그 사로잡힘을 면하고 남아 있는 유다와 예루살렘 사람들의 형편을 물은즉그들이 내게 이르되 사로잡힘을 면하고 남아 있는 자들이 그 지방 거기에서 큰 환난을 당하고 능욕을 받으며 예루살렘 성은 허물어지고 성문들은 불탔다 하는지라 내가 이 말을 듣고 앉아서 울고 수일 동안 슬퍼하며 하늘의 하나님 앞에 금식하며 기도하여 (느 1:2~4)

왕에게 아뢰되 왕이 만일 좋게 여기시고 종이 왕의 목전에서 은혜를 얻었사오면 나를 유다 땅 나의 조상들의 묘실이 있는 성읍에 보내어 그 성을 건축하게 하옵소서 하였는데 (느 2:5)

인도자 가이드 |

느헤미야는 시대적인 환경을 통해서 사명을 주셨습니다. 느헤미야는 하나님으로부터 예루살렘의 성벽이 파괴되었다는 소식을 듣게 됩니다. 하나님의 임재의 상징인 예루살렘이 파괴된 것을 보며 그는 성벽재건이라는 소명을 받게 됩니다.

2. 본문은 주인이 먼 길을 떠나면서 세 종을 불러 자기가 없는 동안 장사하라며 각각의 달란트[1]를 주었습니다. 본문의 내용을 따라 빈칸을 채워봅시다.

1) 고대사회의 화폐단위로 1달란트의 가치는 성인 20년 품삯에 해당되는 금액입니다.

	첫째 종	둘째 종	셋째 종
주인이 준 금액	(15절) 다섯 달란트	(15절) 두 달란트	(15절) 한 달란트
종의 행동	(16절) 바로 가서 장사해서 다섯 달란트 남김	(17절) 바로 가서 장사해서 두 달란트 남김	(18절) 가서 땅을 파고 돈을 감추어 둠
주인의 평가	(21절) - 착하고 충성된 종아. - 내가 많은 것을 네게 맡기리라. - 주인의 즐거움에 참여하라.	(23절) - 착하고 충성된 종아. - 내가 많은 것을 네게 맡기리라. - 주인의 즐거움에 참여하라.	(26, 28, 36절) - 악하고 게으름 종아. - 한 달란트를 빼앗아 열 달란트 가진 자에게 주리라. - 바깥 어두운 데로 내쫒으라.

3. 다른 종들과 다르게 셋째 종은 적극적으로 장사하지 못했습니다. 그 이유는 무엇인가요? ______에 답을 찾아 넣어봅시다.

1) 주인에 대한 오해 <u>군은 사람 (hard man)</u>

한 달란트 받았던 자는 와서 이르되 주인이여 당신은 굳은 사람이라 심지 않은 데서 거두고 헤치지 않은 데서 모으는 줄을 내가 알았으므로 (24절)

셋째 종은 주인을 가혹한 사람 또는 무지막지한 사람으로 여겼습니다(24절).

2) 자신에 대한 오해 <u>두려워하여 (I was afraid)</u>

두려워하여 나가서 당신의 달란트를 땅에 감추어 두었었나이다 보소서 당신의 것을 가지셨나이다 (25절)

셋째 종은 두려움이 많아 장사할 수 없다고 여겼습니다(25절).

인도자 가이드 |

세 번째 종은 첫째, 하나님을 가혹한 분으로 여겼고, 둘째, 자기 자신에게 있는 두려움을 가졌습니다. 그 때문에 적극적으로 장사하지 못하고 달란트를 땅 속에 묻어두는 실수를 범했습니다. 우리 또한 하나님은 최선을 다해서 노력한 자들에게 후대하시는 분이시라는 것을 인식하지 못하거나 자신은 부족해서 할 수 없다고 하는 두려움이라는 자기한계를 극복하지 못하면 어떤 사명의 자리도 나아가지 못하게 됩니다.

하나님은 각 사람에게 소원을 두고 필요한 은사를 주셨습니다. 그러므로 은사는 '우열'의 문제가 아니라 '사용'의 문제입니다. 주님이 주신 기회를 선용할 때만 그에 따른 상

급을 받을 수 있습니다.

4. 누구나 자신의 재능을 통해서 비전을 발견하고 싶어 합니다. 그러나 재능을 발견하기 쉽지 않은 이유는 '은사의 대한 오해' 때문입니다. 그 오해에는 어떤 것들이 있을까요?

인도자 가이드 |

많은 사람들이 은사를 우등하거나 열등하다고 여깁니다. 어떤 이들은 은사를 특별한 사람들만이 받는다고 생각하는데, 이 생각은 은사에 대한 큰 오해입니다. 또 은사를 선천적이라고 여기거나 주간적인 감정으로 여기고 성급하게 결론 짓는 것도 위험한 일입니다. 은사는 사람들과 비교의 대상이 아니라 하나님이 각자에게 주신 고유한 특성입니다. 또 은사는 후천적으로 계발되거나 발전될 수도 있습니다. 그러나 또 놓치지 말아야 할 부분은 은사에 대해 모든 사람에게도 검증되어야 하는 객관성도 무시되어선 안 됩니다.

'부르심'에는 주관적인 부르심과 객관적인 부르심이 있습니다. 하나님께 부르심을 받았다고 하지만 공동체적으로 부르심이 검증되지 않으면 순간의 감정이나 성급한 결정에 가깝습니다. '은사'도 마찬가지로 주관적으로만 판단하지 하지 않고 객관적으로 공동체에서 검증되어야 합니다.

[적용하기]

1. 당신의 주관적인 은사(자신이 좋아하는 은사)와 객관적인 은사(타인이 인정하는 은사)를 나눕시다.

2. 주관적인 은사와 객관적인 은사에 대한 교집합을 분류해 내게 있는 은사를 정확하게 검증합시다.

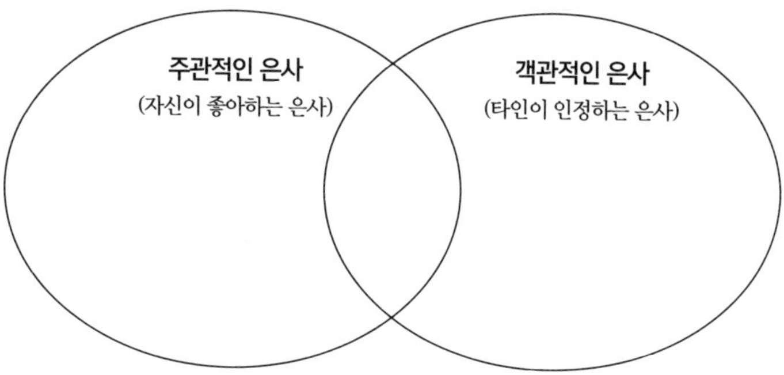

Tip. 은사의 3가지 범주

1) 사역의 은사 : 전도와 봉사, 섬김과 구제, 예언과 가르침 등

2) 기술의 은사 : 만들기, 미술, 음악, 기계, 계산, 설비 등

3) 성품의 은사 : 긍휼, 성실, 온유, 부지런함, 위로 등

3. 계속적으로 계발해가야 할 은사는 무엇이고, 부족함을 채워 하나님이 주신 비전을 더 구체화시켜야 할 영역은 어디인지 나눠봅시다.

[한줄 정리]

하나님은 각 사람에게 맞는 은사와 재능을 주셨습니다.
그 은사와 재능은 하나님의 비전을 이루는 중요한 도구가 됩니다.

5. 비전으로의 준비

[열왕기상 12장 1-15절]

1 르호보암이 세겜으로 갔으니 이는 온 이스라엘이 그를 왕으로 삼고자 하여 세겜
에 이르렀음이더라 2 느밧의 아들 여로보암이 전에 솔로몬 왕의 얼굴을 피하여 애
굽으로 도망하여 있었더니 이제 그 소문을 듣고 여전히 애굽에 있는 중에 3 무리가
사람을 보내 그를 불렀더라 여로보암과 이스라엘의 온 회중이 와서 르호보암에게
말하여 이르되 4 왕의 아버지가 우리의 멍에를 무겁게 하였으나 왕은 이제 왕의 아
버지가 우리에게 시킨 고역과 메운 무거운 멍에를 가볍게 하소서 그리하시면 우
리가 왕을 섬기겠나이다 5 르호보암이 대답하되 갔다가 삼 일 후에 다시 내게로 오
라 하매 백성이 가니라 6 르호보암 왕이 그의 아버지 솔로몬의 생전에 그 앞에 모
셨던 노인들과 의논하여 이르되 너희는 어떻게 충고하여 이 백성에게 대답하게 하
겠느냐 7 대답하여 이르되 왕이 만일 오늘 이 백성을 섬기는 자가 되어 그들을 섬
기고 좋은 말로 대답하여 이르시면 그들이 영원히 왕의 종이 되리이다 하나 8 왕이
노인들이 자문하는 것을 버리고 자기 앞에 모셔 있는 자기와 함께 자라난 어린 사
람들과 의논하여 9 이르되 너희는 어떻게 자문하여 이 백성에게 대답하게 하겠느
냐 백성이 내게 말하기를 왕의 아버지가 우리에게 메운 멍에를 가볍게 하라 하였
느니라 10 함께 자라난 소년들이 왕께 아뢰어 이르되 이 백성들이 왕께 아뢰기를 왕
의 부친이 우리의 멍에를 무겁게 하였으나 왕은 우리를 위하여 가볍게 하라 하였

은즉 왕은 대답하기를 내 새끼 손가락이 내 아버지의 허리보다 굵으니 11 내 아버지
께서 너희에게 무거운 멍에를 메게 하였으나 이제 나는 너희의 멍에를 더욱 무겁
게 할지라 내 아버지는 채찍으로 너희를 징계하였으나 나는 전갈 채찍으로 너희
를 징계하리라 하소서 12 삼 일 만에 여로보암과 모든 백성이 르호보암에게 나아왔
으니 이는 왕이 명령하여 이르기를 삼 일 만에 내게로 다시 오라 하였음이라 13 왕
이 포학한 말로 백성에게 대답할새 노인의 자문을 버리고 14 어린 사람들의 자문을
따라 그들에게 말하여 이르되 내 아버지는 너희의 멍에를 무겁게 하였으나 나는
너희의 멍에를 더욱 무겁게 할지라 내 아버지는 채찍으로 너희를 징계하였으나 나
는 전갈 채찍으로 너희를 징치하리라 하니라 15 왕이 이같이 백성의 말을 듣지 아
니하였으니 이 일은 여호와께로 말미암아 난 것이라 여호와께서 전에 실로 사람
아히야로 느밧의 아들 여로보암에게 하신 말씀을 이루게 하심이더라

 # 해시테그 _ 오늘 과에 대한 내 생각을 간단한 단어로 표현해봐요.

좋아요 개

[생각해보기]

10년 후 사람들은 당신에게 어떤 평가를 내릴지 자기점검표를 작성해봅시다.

예시) 학업	학업 (직업)	자기계발	신앙	성품	가정	기타 ( )
상 (중) 하	상 중 하	상 중 하	상 중 하	상 중 하	상 중 하	상 중 하
학과공부 만 하고 영어공부는 하지 못함						

[말씀속으로]

1. 역사의 평가는 정직합니다. 개인이든, 공동체이든 역사가 그의 행적을 증명합니다. 이스라엘의 역사에서도 하나님은 여러 왕들을 두 가지로 평가하셨습니다. 어떤 것인가요?

1) 부정적인 평가 : 여호와 보시기에 악을 행하였더라 (왕상 15:34, 대하 36:9)

바아사가 여호와 보시기에 악을 행하되 여로보암의 길로 행하며 그가 이스라엘에게 범하게 한 그 죄 중에 행하였더라 (왕상 15:34)

여호야긴이 왕위에 오를 때에 나이가 팔 세라 예루살렘에서 석달 열흘 동안 다스리며 여호와 보시기에 악을 행하였더라 (대하 36:9)

2) 긍정적인 평가 : 여호와 보시기에 정직하게 행하였더라 (대하 29:2, 34:1-2)

히스기야가 그의 조상 다윗의 모든 행실과 같이 여호와 보시기에 정직하게 행하여 (대하 29:2)

요시야가 왕위에 오를 때에 나이가 팔 세라 예루살렘에서 삼십일 년 동안 다스리며 여호와 보시기에 정직하게 행하여 그의 조상 다윗의 길로 걸으며 좌우로 치우치지 아니하고 (대하 34:1~2)

인도자 가이드 |

이스라엘의 역대지략에 보면 왕에 대한 첫 번째 평가는 부정적인 평가로 "여호와 보시기에 악을 행하였더라."입니다. 이 때 비교의 대상으로 두는 사람이 '여로보암'인데, 성경은 항상 그들의 삶을 '여로보암의 길로 행하였더라'고 덧붙이고 있습니다. 두 번째 평가는 긍정적인 평가로 "여호와 보시기에 정직하게 행하였더라."였습니다. 이 때도 비교의 대상을 두고 있는데, '다윗'입니다. 성경은 다윗의 길과 같이 정직한 길로 행하였다고 기록하고 있습니다. 이러한 평가는 한 개인뿐만 아니라 공동체의 역사에서도 그들이 어떤 삶을 살았는지에 대해서 정직한 평가가 반드시 매겨집니다.

2. **르호보암의 평가는 여호와 보시기에 악을 행하였던 왕이었습니다**(대하 12:13-14). **그러한 평가의 배경이 무엇이었는지 본문에서 찾아 설명해봅시다.**

르호보암 왕은 예루살렘에서 스스로 세력을 굳게 하여 다스리니라 르호보암이 왕위에 오를 때에 나이가 사십일 세라 예루살렘 곧 여호와께서 이스라엘의 모든 지파 중에서 택하여 그의 이름을 두신 성에서 십칠 년 동안 다스리니라 르호보암의 어머니의 이름은 나아마요 암몬 여인이더라 르호보암이 악을 행하였으니 이는 그가 여호와를 구하는 마음을 굳게 하지 아니함이었더라 (대하 12:13-14)

르호보암은 솔로몬이 왕위에서 물러나고 그 뒤를 이은 왕이었습니다. 아버지 솔로몬의

오랜 성전건축으로 인해서 백성들은 지쳐 있었고, 백성들은 짐을 덜어 줄 것을 르호보암에게 요청했습니다. 그 때 르호보암은 원로들과 친구들을 각각 만나 의논하였습니다.

3. 르호보암의 국무(國務) 결정과정을 본문에 따라 정리해봅시다.

원로들의 의견 (7절)	친구들의 의견 (11절)	르호보암의 결정 (14절)	결말 (20절)
백성들을 잘 섬기고 좋은 말로 대답하여 다스리도록 조언	백성들에게 아버지가 했던 것보다 더 무거운 멍에와 전갈채찍으로 다스리도록 조언	어린 사람들(친구들)의 조언을 따름	르호보암을 따르는 유다지파와 여로보암을 따르는 나머지 11지파로 왕국이 분열

4. 준비되지 않은 사람이 '리더'로 세워질 때 그 파급력은 개인을 넘어 공동체로 확대됩니다. 주위에 준비되지 않은 리더로 인해 피해가 있었던 사례를 이야기해봅시다.

인도자 가이드 |

가정에서 가장 또는 부모, 직장에서 경영자 또는 상사, 교회에서 목회자, 구역장 등에 대해서 그 예가 있으면 나눕시다. 이 때 주의해야 할 것은 사례 나눔의 분위기가 비판의 어조가 아니라 객관적인 사실에 대해서 설명이 되도록 해야 합니다.

르호보암은 왕으로서의 시작은 좋았습니다. 즉위 후 3년 동안은 나라를 잘 다스렸습니다. 그러나 시간이 지날수록 교만해졌고 현실에 안주하게 되었습니다. 백성들이 산당에서 우상을 섬기는데도 눈 감아 주었습니다. 그는 예루살렘에 올라가서 제사를 드리지도 않았고, 심지어 유월절도 지키지 않았습니다.

비전의 사람은 늘 준비되어 있어야 하고, 늘 준비되어져 가야 합니다. 하나님께서 쓰시겠다고 하실 때 거부하는 것은 소명을 외면하는 것입니다. 또 계속적인 준비가 필요합니다. 자기안주에 빠진 사람은 하나님께서 더 이상 사용하실 수 없습니다.

5. 르호보암과 다르게 준비된 왕은 다윗이었습니다. 그는 기름부음을 받은 후에도 여전히 광야에서 양들을 성실하게 치며 준비되어져 갔습니다. 결정적인 차이는 무엇이었나요?

르호보암 (대하 12:14)	다윗 (시 51:11)

인도자 가이드 |

르호보암이 교만과 안주에 빠져 계속적으로 왕으로서의 준비를 소홀히 했던 이유는 '여호와를 구하는 마음'을 굳게 하지 않았기 때문입니다. 믿음은 하나님을 굳게 붙드는 데서 시작됩니다. 하나님을 굳게 붙들 때 주님이 우리를 굳게 붙들어 주십니다. 다윗도 오랫동안 태평성대를 누려서 교만해질 수 있었습니다. 심지어 충신(忠臣)이었던 우리아 장군의 아내를 범하는 죄악을 저지르기도 했습니다. 다윗은 그 간음에서 한 걸음 더 나아가 범죄를 수습하기 위해서 우리아를 전쟁에 몰아넣어 의도적으로 죽이게 합니다. 그러나 다윗의 죄를 지적하는 나단 선지자 앞에 즉각적인 회개를 합니다. 그 고백이 시편 51편입니다. 여호와의 성령을 거두지 말아 달라고 하는 기도는 '하나님을 굳게 붙드는 그의 신앙의 고백'이었습니다.

[적용하기]

1. 준비된 만큼 지금 삶의 현장에서 헌신해야 할 영역은 무엇인가요?

2. 더 준비해서 미래의 현장에서 쓰임 받아야 할 영역은 무엇인가요?

3. 도입부분에서 나눈 부분에 대해서 더 보안하고 하나님께 사용되도록 준비하겠다고 결단하는 시간을 가집시다.

예시) 학업	학업 (직업)	자기계발	신앙	성품	가정	기타 ( )
상 중 하	상 중 하	상 중 하	상 중 하	상 중 하	상 중 하	상 중 하
학과공부 만 하고 영어공부는 하지 못함						

[한줄 정리]

하나님은 준비된 만큼 사용하십니다. 하나님이 내 인생을 마음껏 사용하시도록 준비해 갈 때 하나님의 시간이 차면 하나님의 방법으로 쓰십니다. 그 때 아름답게 쓰임 받는 하나님의 사람이 되십시오.

6. 비전과 신앙

[마태복음 12장 9-13절]

9 거기에서 떠나 그들의 회당에 들어가시니 10 한쪽 손 마른 사람이 있는지라 사람
들이 예수를 고발하려 하여 물어 이르되 안식일에 병 고치는 것이 옳으니이까 11
예수께서 이르시되 너희 중에 어떤 사람이 양 한 마리가 있어 안식일에 구덩이에
빠졌으면 끌어내지 않겠느냐 12 사람이 양보다 얼마나 더 귀하냐 그러므로 안식일
에 선을 행하는 것이 옳으니라 하시고 13 이에 그 사람에게 이르시되 손을 내밀라
하시니 그가 내밀매 다른 손과 같이 회복되어 성하더라

 # 해시테그 _ 오늘 과에 대한 내 생각을 간단한 단어로 표현해봐요.

좋아요 　　개

[생각해보기]

여러분이 직업을 선택하는 기준은 무엇인지 체크해봅시다.

① 자아성취	② 안정성
③ 연봉	④ 주일성수
⑤ 인간관계	⑥ 기타 (　　　　)

인도자 가이드 |

오늘날 사람들이 직업을 선택하는 기준은 저마다 다릅니다. 크리스천에게 있어도 제각각이겠지만 신앙과 결부될 때 주일성수의 문제는 간과할 수 없는 영역입니다.

[말씀속으로]

1. 크리스천이 직업을 선택할 때 고려사항 중 하나가 주일성수입니다. 주일성수를 꼭 해야 한다는 주장과 오늘날과 같은 현대사회에서는 중요치 않다는 주장으로 나눠집니다. 당신의 의견과 그 이유는 무엇인가요?

인도자 가이드 |

주일성수에 대해서 갑론을박이 있을 수 있겠지만 주일성수는 반드시 준수해야 할 하나님의 명령입니다.

오늘날 주일성수는 구약의 안식일 준수에서 비롯되었습니다. 초대교회는 안식일을 지켜오다가 예수님이 죽으시고 부활하신 날(요 20:19)[2] 을 기점으로 한 주의 '시작'과 '생명'의 날로 여겨 지금까지 주일(Lord's day)로 지키고 있습니다.

2) 예수님이 죽으시고 부활하신 날을 '안식 후 첫 날'이라고 말하여 일주일의 일곱째 날 다음 날(여덟째 날)이 되어 초대교회 때부터 주일(Lord's day)이 한 주의 시작의 날이 되었습니다. 사도행전 20장 7절에 보면 '그 주간의 첫날에 우리가 떡을 떼려 하여 모였더니'라 하여 초대교회 성도들이 한 주의 첫 날을 지키며 하나님을 예배했습니다.

2. 현대 크리스천은 안식일을 날짜로는 지키지 않지만 정신은 받아들여야 합니다. 안식일은 언제 제정되었고 하나님이 요구하신 것은 무엇인가요? (창 2:2, 출 31:16-17, 31:15)

> 하나님이 그가 하시던 일을 일곱째 날에 마치시니 그가 하시던 모든 일을 그치고 일곱째 날에 안식하시니라 (창 2:2)

> 엿새 동안은 일할 것이나 일곱째 날은 큰 안식일이니 여호와께 거룩한 것이라 안식일에 일하는 자는 누구든지 반드시 죽일지니라 (출 31:15)

> 이같이 이스라엘 자손이 안식일을 지켜서 그것으로 대대로 영원한 언약을 삼을 것이니 이는 나와 이스라엘 자손 사이에 영원한 표징이며 나 여호와가 엿새 동안에 천지를 창조하고 일곱째 날에 일을 마치고 쉬었음이니라 하라(출 31:16~17)

인도자 가이드 |

안식일은 하나님께서 만물을 창조하시면서 함께 제정하셨습니다. 첫째 날부터 여섯째 날까지 모든 만물을 지으시고, 일곱째 날에는 안식하셨습니다. 뿐만 아니라 이러한 안식의 원리는 인간만이 아닌 모든 피조물까지 지키도록 명령하셨습니다. 한 걸음 더 나아가 안식일을 파기하는 자에게는 죽음까지 선고하셨습니다.

3. 구약시대에는 하나님께서 백성들이 안식일을 어겼을 때 즉결심판을 하셨습니다(민 15:32-36). 이 논리대로라면 오늘날도 주일성수를 어기면 똑같은 처벌을 받아야 합니다. 요즘 시대는 주일성수를 어겼을 때 어떻게 되나요?

> 이스라엘 자손이 광야에 거류할 때에 안식일에 어떤 사람이 나무하는 것을 발견한지라 나무하는 자를 발견한 자들이 그를 모세와 아론과 온 회중 앞으로 끌어왔으나 어떻게 처치할는지 지시하심을 받지 못한 고로 가두었더니 여호와께서 모세에게 이르시되 그 사람을 반드시 죽일지니 온 회중이 진영 밖에서 돌로 그를 칠지니라 온 회중이 곧 그를 진영 밖으로 끌어내고 돌로 그를 쳐죽여서 여호와께서 모세에게 명령하신 대로 하니라 (민 15:32~36)

인도자 가이드 |

오늘날은 주일을 지키지 않아도 심판은커녕 오히려 잘 되고, 더 많은 수입을 얻는 것처럼 보입니다. 그러나 주일을 지키지 않을 때 반드시 하나님의 말씀처럼 인간은 멸망에 이르게 됩니다. 구약시대에는 안식일을 지키지 않으면 '육체의 죽음'을 즉각적으로 맛보았습니다. 그러나 오늘날에는 주일을 지키지 않으면 '영혼의 죽음'을 서서히 맞이하게 됩니다. 더 많은 연봉과 통장에 잔고를 늘리기 위해서 주일을 빠지고, 예배를 소홀히 하게 되면 결국 영혼이 서서히 죽어가게 되어 결국 육체의 죽음을 통해 영원한 멸망에 처하게 됩니다.

4. 안식일의 정신은 오늘날에도 모든 사람에게 보편적으로 적용됩니다. 그러나 예수님께서는 예외인 경우를 두셨습니다. 어떤 경우인가요? (11-12절)

> 예수께서 이르시되 너희 중에 어떤 사람이 양 한 마리가 있어 안식일에 구덩이에 빠졌으면 끌어내지 않겠느냐 사람이 양보다 얼마나 더 귀하냐 그러므로 안식일에 선을 행하는 것이 옳으니라 하시고 (11~12절)

인도자 가이드 |

예수님은 바리새인들을 향하여 안식일에 양 한 마리가 빠져도 건져내면서, 하물며 사람의 생명을 구하는 것이 더 귀하지 않느냐고 말씀하셨습니다. 이 말씀을 확대, 적용하면 예수님은 직업에 있어서 생명을 살리는 일에 대하여 주일성수의 예외를 주셨다는 뜻입니다. 의료, 전기, 소방, 안전 등과 같은 생명에 직결된 근무자에게는 생명을 지키는 특별한 권한을 주셨습니다. 따라서 특수 근무자들은 자신이 하고 있는 업무를 생명을 맡은 일이라고 여기고 예배하듯 일해야 합니다. 그리고 예배하기에 열악한 환경이라 할지라도 혼자서라도 예배하고 주일을 지켜야 합니다.

더 깊은 묵상 |

주일성수를 주일에 어떤 일도 하지 않는 것으로 규정해야 하는지, 아니면 주일에 단지 예배를 드리는 것으로 국한할 수 있는지에 대한 현대적인 적용은 여전히 논란이 되기도 합니다. 주일성수의 분명한 원칙은 '예배'를 드리고 '일'을 하지 않는 '온전한 주일' 드려야 한다는 것입니다. 철저하게 자신의 욕망과 욕심을 위해서 일해선 안 되고 하나님만 예배해야 합니다. 그러나 오늘날 온전한 주일을 지켜야 하지만 생계를 넘어 생존의 위협을 받고 있는 자들 많이 있습니다.

주일에 온전한 성수를 해야 하지만 생존의 위기에 있는 상황 가운데 가난한 마음으로 예배를 드리고 일하러 가는 경우, 또는 일을 하고 예배를 드리는 경우는 하나님께서 정죄하지 않으십니다. 예수님은 사람의 생명이 귀하다고 말씀하셨기 때문입니다.

그러나 이 또한 주일에 예배를 드렸다고 해서 안주하거나 자기 합리화에 빠지면 안 됩니다. 온전한 주일성수를 하도록 주일을 지킬 수 있는 환경과 직장을 위해서 기도하는 자세가 필요합니다.

주일은 주님의 날(Lord's day)입니다. 1년 365일이 모두 주님의 날이지만 특별히 주일에 모든 행위는 '하나님이 기뻐하시는 일들'과 '생명을 살리는 일들'로 드려져야 합니다.

5. 안식은 하나님이 주신 축복으로 참된 평안과 쉼을 누릴 수 있습니다. 그러나 그러한 축복의 전제조건이 있는데, 무엇인가요? (출 20:9)

엿새 동안은 힘써 네 모든 일을 행할 것이나 (출 20:9)

인도자 가이드 |

주일성수가 복이 되는 조건은 주중의 삶에 충실할 때 가능해집니다. 엿새 동안 열심히 노동할 때 주일에 참된 안식과 평안을 누릴 수 있습니다. 주일 성수에만 집중한 나머지 주중의 삶에 대해서 성실함을 잃어버린 것은 무엇인지 점검해봅시다.

[적용하기]

1. 오늘 배운 내용을 통해서 주일성수를 위해 결단해야 할 점은 무엇인가요?

2. 주일성수에만 집중한 나머지 주중 삶에 소홀히 했던 점을 나눠봅시다.

3. 주일에 있는 활동과 사역 중, 생명을 살리는 일에 더 관심을 가져야 할 곳이 어디인지 나눠봅시다.

Tip. 안식일 준수의 대상은 자신에서 가족과 종, 가축, 객에게까지 확대되었습니다(출 20:10-11). 오늘날도 주일성수는 개인의 신앙을 넘어 직장의 기계와 직원들까지 쉼을 주어야 합니다.

[한줄 정리]

크리스천의 비전에 있어서 주일성수는 대단히 중요한 부분을 차지합니다. 우리가 하나님의 정하신 원리를 따라 주일을 지킬 때, 우리가 주일을 지키는 것이 아니라 주일이 우리의 삶과 인생을 지킬 것입니다.

7. 비전 응답의 기준

[창세기 13장 1-18절]

1 아브람이 애굽에서 그와 그의 아내와 모든 소유와 롯과 함께 네게브로 올라가니
2 아브람에게 가축과 은과 금이 풍부하였더라 3 그가 네게브에서부터 길을 떠나 벧
엘에 이르며 벧엘과 아이 사이 곧 전에 장막 쳤던 곳에 이르니 4 그가 처음으로 제
단을 쌓은 곳이라 그가 거기서 여호와의 이름을 불렀더라 5 아브람의 일행 롯도 양
과 소와 장막이 있으므로 6 그 땅이 그들이 동거하기에 넉넉하지 못하였으니 이는
그들의 소유가 많아서 동거할 수 없었음이니라 7 그러므로 아브람의 가축의 목자
와 롯의 가축의 목자가 서로 다투고 또 가나안 사람과 브리스 사람도 그 땅에 거주
하였는지라 8 아브람이 롯에게 이르되 우리는 한 친족이라 나나 너나 내 목자나 네
목자나 서로 다투게 하지 말자 9 네 앞에 온 땅이 있지 아니하냐 나를 떠나가라 네
가 좌하면 나는 우하고 네가 우하면 나는 좌하리라 10 이에 롯이 눈을 들어 요단 지
역을 바라본즉 소알까지 온 땅에 물이 넉넉하니 여호와께서 소돔과 고모라를 멸
하시기 전이었으므로 여호와의 동산 같고 애굽 땅과 같았더라 11 그러므로 롯이 요
단 온 지역을 택하고 동으로 옮기니 그들이 서로 떠난지라 12 아브람은 가나안 땅
에 거주하였고 롯은 그 지역의 도시들에 머무르며 그 장막을 옮겨 소돔까지 이르
렀더라 13 소돔 사람은 여호와 앞에 악하며 큰 죄인이었더라 아브람이 헤브론으로
옮기다 14 롯이 아브람을 떠난 후에 여호와께서 아브람에게 이르시되 너는 눈을 들

어 너 있는 곳에서 북쪽과 남쪽 그리고 동쪽과 서쪽을 바라보라 15 보이는 땅을 내
가 너와 네 자손에게 주리니 영원히 이르리라 16 내가 네 자손이 땅의 티끌 같게 하
리니 사람이 땅의 티끌을 능히 셀 수 있을진대 네 자손도 세리라 17 너는 일어나 그
땅을 종과 횡으로 두루 다녀 보라 내가 그것을 네게 주리라 18 이에 아브람이 장막
을 옮겨 헤브론에 있는 마므레 상수리 수풀에 이르러 거주하며 거기서 여호와를
위하여 제단을 쌓았더라

 # 해시테그 _ 오늘 과에 대한 내 생각을 간단한 단어로 표현해봐요.

좋아요 　　개

[생각해보기]

적성에 맞으나 수입이 적은 직장과 적성에 맞지 않으나 수입이 많은 직장 중 선택하라고 한다면 무엇을 선택하시겠습니까?

인도자 가이드 |

인생은 늘 선택의 연속입니다. 특별히 비전을 정할 때도 선택해야 합니다. 일상 속에 위와 같은 많은 고민을 할 때 무엇에 가치를 두느냐에 따라서 선택은 달라집니다.

프랑스 철학자 샤르트르는 "인생은 B와 D사이에 있는 C와 같다."라고 말했습니다. B는 Birth, D는 Death, C는 Choice를 말합니다. 비전에 있어서도 선택은 결정적인 역할을 합니다.

[말씀속으로]

1. 아브람은 하나님의 부르심을 받고 조카 롯과 본토 친척 아비의 집, 갈대아를 떠납니다. 그런데 이들은 얼마 못가 갈등을 겪게 됩니다. 어떤 갈등이었나요? (6-7절)

그 땅이 그들이 동거하기에 넉넉하지 못하였으니 이는 그들의 소유가 많아서 동거할 수 없었음이니라 그러므로 아브람의 가축의 목자와 롯의 가축의 목자가 서로 다투고 또 가나안 사람과 브리스 사람도 그 땅에 거주하였는지라 (6~7절)

인도자 가이드 |

고대 근동에 대다수의 사람들은 유목민이었습니다. 유목민은 양과 소 같은 짐승으로 생계수단을 삼았기 때문에 아브라함의 일가가 본토 갈대아를 떠날 때 양과 소는 필수 아이템이었습니다. 그런데 시간이 지날수록 문제가 발생했습니다. 아브라함의 목자와 조카 롯의 목자가 목초지 때문에 크게 다투게 된 것입니다. 그러한 갈등은 아브라함의 가족과 조카 롯의 가족까지 번지게 되었습니다. 아브라함은 그들의 가축은 많은데 목초지는 한정되어 있어서 서로 동거할 수 없다고 판단했습니다.

2. 목초지 분쟁은 처음에는 감정싸움이었는데, 시간이 지날수록 집안싸움으로 번지게 되었습니다. 그 때 아브람이 제시한 중재안은 무엇이었나요? (8-9절)

아브람이 롯에게 이르되 우리는 한 친족이라 나나 너나 내 목자나 네 목자나 서로 다투게 하지 말자 네 앞에 온 땅이 있지 아니하냐 나를 떠나가라 네가 좌하면 나는 우하고 네가 우하면 나는 좌하리라 (8~9절)

인도자 가이드 |

아브라함은 조카 롯보다 연장자임에도 불구하고 롯에게 '우선권'과 '우위권'을 양보합니다. 아브라함은 조카 롯이 우를 선택하면 자신은 좌를 선택하고, 반대로 롯이 좌를 선택하면 우를 선택하겠다고 양보합니다.

3. 롯은 기다렸다는 듯이 우위의 지역을 선택합니다. 그 다음 아브람은 다른 지역을 선택합니다. 본문의 내용을 빈칸에 정리해봅시다.

롯의 선택 (7절)	소돔 땅을 선택함	아브람의 선택 (18절)	헤브론을 선택함
선택의 이유 (10절)	소알(소돔)땅은 물이 넉넉하였기 때문에	선택의 이유 (14절)	여호와께서 보게 하신 땅 이었기 때문
선택의 결과 (창19:24~25절)	유황과 불을 내려 모든 백성과 땅에서 난 것들을 멸함	선택의 결과 (삼하5:4~5)	다윗이 7년 6개월 동안 다스리는 수도가 됨

아브람과 조카 롯의 분수령은 말씀의 유무였습니다. 아브람이 처음 부르심을 받을 때도 마찬가지입니다. 아버지 데라와 아브람은 함께 갈대아를 나왔지만 데라는 하란에서 머물다가 죽고 맙니다(창 11:31-32). 그러나 아브람이 끝까지 포기하지 않고 가나안 땅에 들어갈 수 있었던 이유는 하나님의 말씀을 직접 들었기 때문입니다(창 12:4).

4. **비전응답의 첫 번째 기준은 '말씀'입니다. 말씀은 하나님이 주신 비전에 확실한 응답의 도장을 찍는 것과 같습니다. 내 인생에서 말씀의 응답을 받았던 사건과 말씀은 어떤 구절이었나요?**

인도자 가이드 |

기도응답의 첫 번째 기준은 '말씀의 응답'입니다. 비전은 사사로운 사람의 감정에 따라 결정해선 안 되고 하나님께서 주시는 성경의 말씀으로 확고한 기준을 삼아야 합니다. 하나님이 주신 말씀이 분명하면 어떤 시련이 와도 흔들리지 않고 마지막까지 사명을 완수할 수 있습니다.

5. **비전응답에 두 번째 기준은 무엇인가요?** (시 34:4)

> 내가 여호와께 간구하매 내게 응답하시고 내 모든 두려움에서 나를 건지셨도다 (시편 34:4)

인도자 가이드 |

기도응답의 두 번째 기준은 '마음의 평안'입니다. 하나님이 주시는 마음은 평안과 장래의 소망이기 때문입니다(렘 29:11). 34편의 시편기자는 여호와께서 기도할 때 모든 두려움에서 건지셨다고 고백합니다. 두려움에서 건져지는 것은 하나님이 주신 '마음의 평안'을 뜻합니다.

말씀의 응답은 받았지만 평안이 없는 것은 거짓응답입니다. 한편 평안은 있지만 말씀이 없다면 순간의 감정에 따른 결정이기 쉽습니다. 진정한 응답은 말씀과 평안이 함께 찾아옵니다.

[적용하기]

1. 말씀의 기준으로 비전을 선택하려고 할 때 당신을 방해하고 있는 세상의 기준은 무엇인가요?

2. 내 인생의 비전을 이루기 위해 말씀의 응답이 필요합니다. 하나님의 말씀을 가까이 하기 위한 장소와 시간을 결단합시다.

3. 비전의 응답은 반드시 평안을 동반합니다. 하나님이 주시는 평강이 임할 때까지 기도의 시간을 작정합시다.

[한줄 정리]

인생은 끊임없는 선택의 연속입니다. 세상의 기준에 현혹되지 말고 하나님이 주시는 말씀과 평안만이 믿음의 선택을 이끌어 낼 수 있습니다.

8. 성속(聖俗)과 하나님 나라

[요한계시록 7장 5-12절]

5 유다 지파 중에 인침을 받은 자가 일만 이천이요 르우벤 지파 중에 일만 이천이
요 갓 지파 중에 일만 이천이요 6 아셀 지파 중에 일만 이천이요 납달리 지파 중에
일만 이천이요 므낫세 지파 중에 일만 이천이요 7 시므온 지파 중에 일만 이천이요
레위 지파 중에 일만 이천이요 잇사갈 지파 중에 일만 이천이요 8 스불론 지파 중
에 일만 이천이요 요셉 지파 중에 일만 이천이요 베냐민 지파 중에 인침을 받은 자
가 일만 이천이라 9 이 일 후에 내가 보니 각 나라와 족속과 백성과 방언에서 아무
도 능히 셀 수 없는 큰 무리가 나와 흰 옷을 입고 손에 종려 가지를 들고 보좌 앞과
어린 양 앞에 서서 10 큰 소리로 외쳐 이르되 구원하심이 보좌에 앉으신 우리 하나
님과 어린 양에게 있도다 하니 11 모든 천사가 보좌와 장로들과 네 생물의 주위에
서 있다가 보좌 앞에 엎드려 얼굴을 대고 하나님께 경배하여 12 이르되 아멘 찬송
과 영광과 지혜와 감사와 존귀와 권능과 힘이 우리 하나님께 세세토록 있을지어
다 아멘 하더라

 # 해시테그 _ 오늘 과에 대한 내 생각을 간단한 단어로 표현해봐요.

좋아요 개

[생각해보기]

크리스천이라면 누구나 주님의 일(?)을 하고 싶은 소원이나 열망이 있을 것입니다. 내가 생각하는 주님의 일은 어떤 것을 말하는지 이야기해봅시다.

인도자 가이드 |

우리는 하나님의 일에 대한 선입견이 있습니다. 교회에서 봉사를 하거나 신학교를 가서 목사나 선교사가 되는 것이 하나님의 일이라고 흔히 생각합니다.

[말씀속으로]

1. 성(聖)과 속(俗)을 구별하는 것은 중세적 사고방식에서 비롯된 오해입니다. 건강한 신앙인은 '주의 일'과 '세속의 일', '종교적인 일'과 '일상적인 일'에 대해 올바르게 정립해야 합니다. 다음 항목을 각 영역에 넣어봅시다.

   (예 : 예배, 목회, 선교, 노동, 쇼핑, 설거지, 구호단체, 성가대, 음주 도박...)

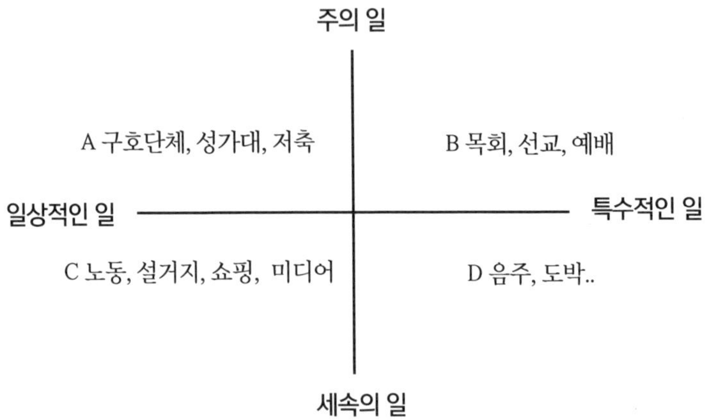

인도자 가이드 |

흔히 사람들은 '선교사, 목회자'를 주의 일을 하는 것이고 특수적인 일이라고 생각해 B영역으로 둡니다. 또 '노동, 설거지, 쇼핑, 미디어'는 세속적인 일이고 일상적인 일이라고 생각하기 때문에 C영역에 넣을 것입니다. '구호단체에서 근무'를 하거나 '성가대와 봉사'는 주를 위한 것이고, 일상적으로 근무하거나 섬기기 때문에 A 영역에 넣는 경향이 있습니다. '음주, 도박'은 세속적으로 특수한 일이기 때문에 D 범주에 넣으려고 할 것입니다. 크리스천 중에 '주(主)의 일'(?)을 교회에서 봉사하는 일로 국한하는 경우가 많습니다. 또 '주의 일'(?)을 한다는 것은 목회자로 평생을 살아간다는 개념으로만 이해하고 있습니다. 그러나 성(聖)과 속(俗)을 구별하는 것은 왜곡된 신앙관에서 비롯되었습니다. 예배가 '종교적인 일'과 '주의 일'인 것 같지만 하나님을 경외하는 마음 없는 행위라면 '세속의 일'이 될 수밖에 없습니다. 반대로 노동이 '일상적인 일'과 '세속의 일'인 것 같지만 하나님이 창조하신 노동의 원리를 따라 일한다면 '주의 일'이 될 수 있습니다.

2. 하나님은 그리스도 안에서 새로운 신분의 변화를 주셨습니다. 무엇인가요? (벧전 2:9)

그러나 너희는 택하신 족속이요 왕 같은 제사장들이요 거룩한 나라요 그의 소유가 된 백성이니 이는 너희를 어두운 데서 불러 내어 그의 기이한 빛에 들어가게 하신 이의 아름다운 덕을 선포하게 하려 하심이라 (벧전 2:9)

인도자 가이드 |

예수 그리스도의 십자가의 사건은 모든 믿는 자들에게 '택하신 족속이요 왕 같은 제사장과 거룩한 나라요 그의 소유된 백성'이라는 신분의 변화를 주었습니다. 이러한 신분의 변화는 우리가 맡은 직업을 통해서 하나님의 나라가 임하게 하는 권세를 위임받았다는 증거입니다.

종교개혁자 칼빈은 직업 소명론에서 크리스천의 직업은 소명의식에서 비롯된다고 주장했습니다. 하나님이 주신 직업을 귀천으로 여기지 않고 직업의 현장에서 하나님의 나라가 임하도록 갈망합니다.

3. 하나님 나라의 통치적 개념은 장소가 아니라 '관계성'입니다. 성경에서 말하는 하나님 나라의 관계성을 찾아봅시다.

1) 구약의 하나님 나라 관계성 약자와 강자가 화평을 이루는 관계 (사 11:6)

2) 신약의 하나님 나라 관계성 원수까지 사랑하는 인애의 관계 (마 5:44)

인도자 가이드 |

하나님 나라는 '관계성 회복'을 뜻합니다. 구약에 예언된 하나님 나라는 이리와 어린양이 함께 살고, 표범과 어린 염소가 함께 공존한다고 묘사합니다. 이것은 약자와 강자, 지배층과 피지배층이 함께 하나님의 통치 아래 화평을 이루는 삶을 뜻합니다. 신약에 예언된 하나님의 나라는 원수까지 사랑하고 박해하는 자들을 위해서 기도하는 인애의 관계성을 말하고 있습니다.

마틴 루터 킹 목사는 1968년 2월 4일 애틀란타에서 'I have a dream!'이라는 연설을 하였습니다. "나의 자녀들이 피부색이 아니라 인격에 따라 평가받는 그런 나라에서 살게 되는 날이 오리라는 꿈입니다." 그는 하나님의 통치가 임할 때 모든 사람들이 평등해지는 비전을 품은 것입니다.

4. 하나님 나라의 '현재적 적용'은 사람과의 관계회복에서 나타납니다. 사랑을 베풀고 용서해야 할 사람은 누구인가요?

인도자 가이드 |

지금껏 만난 사람들 중에서 오랫동안 관계의 골이 깊은 사람이나 최근 들어 무너진 관계에 대해서 나눕시다.

5. 하나님 나라는 '미래적 성취'를 담고 있습니다. 바벨탑 사건으로 흩어진 언어가 온전하게 하나 되는 때를 말합니다. 그 때는 언제인가요? (9-10절)

이 일 후에 내가 보니 각 나라와 족속과 백성과 방언에서 아무도 능히 셀 수 없는 큰 무리가 나와 흰 옷을 입고 손에 종려 가지를 들고 보좌 앞과 어린 양 앞에 서서 큰 소리로 외쳐 이르되 구원하심이 보좌에 앉으신 우리 하나님과 어린 양에게 있도다 하니 (9~10절)

인도자 가이드 |

인류의 언어는 하나였습니다(창 11:1). 하지만 인간은 자신의 이름을 내고 흩어짐을 면하고자 바벨탑을 건설했습니다(창 11:4). 하나님께서는 인간의 교만을 꺾으셨고, 바벨탑을 파괴하셨습니다. 그리고 결국 언어를 혼잡하게 하시어 사람들을 온 지면에서 흩어버리셨습니다. 또한 하나님은 수천 년 동안 흩어진 언어를 하나로 통일하실 때를 예언하셨는데, 그 때가 바로 예수님이 재림하시고 하늘 보좌에 앉으실 때입니다. 예수님의 재림의 날이 오면 각 나라와 족속에서 모여든 주의 백성이 각 나라의 방언으로 외치는 한 마디가 있는데, "구원하심이 보좌에 앉으신 우리 하나님과 어린양에게 있도다."라는 찬송의 고백입니다.

하나님 나라의 완벽한 성취는 온 민족과 열방이 주님께 예배하는 때입니다. 하나님 나라가 완성되기 위해 직업과 비전을 통해서 선교적인 사명을 이뤄가야 합니다.

[적용하기]

1. 하나님의 통치가 임해야 할 내 삶의 영역은 어디인가요?

2. 민족과 열방이 주님께 돌아오게 하기 위한 선교적인 사명은 무엇인가요?

3. 선교는 다양한 방법으로 할 수 있습니다. 다음 항목에 내가 할 수 있는 역할을 결단합시다.

① 보내는 선교 ② 기도하는 선교

③ 후원하는 선교 ④ 직접 가는 선교

[한줄 정리]

하나님의 궁극적인 비전은 모든 영역에서 하나님의 통치가 임하는 것입니다. 전쟁과 기근과 분쟁으로 나눠진 이 땅에 하나님의 통치가 임하면 모든 자들이 온전히 하나님을 예배할 수 있습니다.